Y0-DFI-602

Mon Canada
MANITOBA

Sheila Yazdani

TABLE DES MATIÈRES

Manitoba 3

Glossaire 22

Index 24

Un livre de la collection
Les jeunes plantes de Crabtree

Crabtree Publishing
crabtreebooks.com

Soutien de l'école à la maison pour les parents, les gardiens et les enseignants.

Ce livre aide les enfants à se développer grâce à la pratique de la lecture. Voici quelques exemples de questions pour aider le lecteur ou la lectrice à développer ses capacités de compréhension. Les suggestions de réponses sont indiquées en rouge.

Avant la lecture

- Qu'est-ce que je sais sur le Manitoba?
    - *Je sais que le Manitoba est une province.*
    - *Je sais qu'il y a plusieurs lacs au Manitoba.*
- Qu'est-ce que je veux apprendre sur le Manitoba?
    - *Je veux savoir quelles personnes célèbres sont nées au Manitoba.*
    - *Je veux savoir à quoi ressemble le drapeau de la province.*

Pendant la lecture

- Qu'est-ce que j'ai appris jusqu'à présent?
    - *J'ai appris que Winnipeg est la capitale du Manitoba.*
    - *J'ai appris qu'il y a un festival islandais du Manitoba, appelé Islendingadagurinn.*
- Je me demande pourquoi...
    - *Je me demande pourquoi le crocus des prairies est la fleur de la province.*
    - *Je me demande pourquoi, à chaque année, les ours polaires migrent à Churchill.*

Après la lecture

- Qu'est-ce que j'ai appris sur le Manitoba?
    - *J'ai appris qu'il est possible de faire du canot sur le lac West Hawk.*
    - *J'ai appris que le bison représente l'animal de la province.*
- Lis le livre à nouveau et cherche les mots de vocabulaire.
    - *Je vois le mot **capitale** à la page 6 et le mot **migrent** à la page 10. Les autres mots de vocabulaire se trouvent aux pages 22 et 23.*

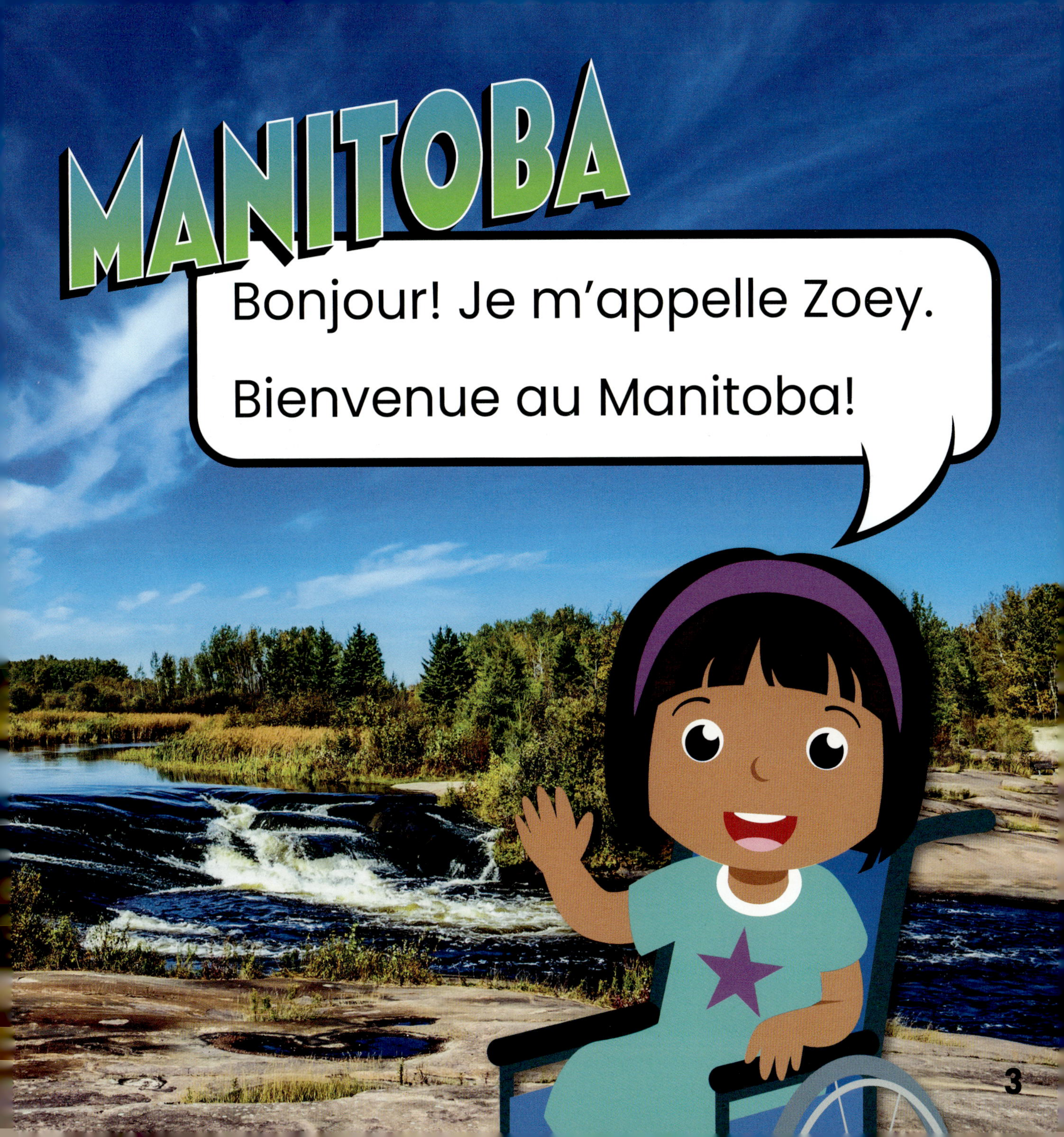
MANITOBA
Bonjour! Je m'appelle Zoey.
Bienvenue au Manitoba!

J'habite à Portage la Prairie. Je m'amuse à découvrir l'histoire au musée Fort la Reine.

C'est dans ma ville que se trouve la plus grande cannette de Coca-Cola au monde.

Le Manitoba est une **province** du centre du Canada. La **capitale** est Winnipeg.

Fait intéressant : Winnipeg est la plus grande ville du Manitoba.

L'animal de la province est le bison.

Le crocus des prairies est la fleur de la province.

Churchill est reconnue comme la capitale mondiale de l'ours polaire. Les ours polaires **migrent** ici chaque année.

Fait intéressant : Environ 1000 ours polaires viennent à Churchill à l'automne.

Le drapeau de ma province est rouge. Les **armoiries** du Manitoba sont sur le drapeau.

Ma famille aime regarder les Jets de Winnipeg jouer au hockey.

Fait intéressant : Le lac Winnipeg s'étend sur 416 kilomètres (258 miles) de long.

J’aime visiter la plage Grand Beach. Je pêche le doré au lac Winnipeg.

J'aime aller voir les bisons au parc national du Mont-Riding.

Chaque année, ma famille célèbre « Islendingadagurinn », le festival islandais du Manitoba.

Murray Sinclair, né au Manitoba, a été le premier juge **autochtone** du Manitoba. La championne de curling Jennifer Jones est aussi née au Manitoba.

Fait intéressant : Louis Riel, le **fondateur** du Manitoba, est né à Winnipeg, Manitoba.

J'aime faire du canot avec ma famille sur le lac West Hawk.

J'aime découvrir l'histoire au lieu historique national de Lower Fort Garry!

Glossaire

armoiries (ar-mwa-ri) : Un groupe spécial d'images, généralement représenté sur un bouclier

autochtone (o-tok-ton) : Les premiers habitants d'un lieu

capitale (ka-pi-tal) : La ville où se trouve le gouvernement d'un pays, d'un état, d'une province ou d'un territoire

fondateur (fon-da-teur) : Une personne qui participe à la création ou au commencement de quelque chose

migrent (mi-gr) : Du verbe migrer : Qui se déplacent d'un endroit à l'autre à différentes périodes de l'année

province (pro-vins) : Au Canada, comme dans certains pays, c'est une des grandes zones qui le divise

Index

bison 8, 16
Islendingadagurinn 17
lac West Hawk 20
ours polaires 10, 11
Sinclair, Murray 18
Winnipeg 6, 7, 19

À propos de l'auteure

Sheila Yazdani vit en Ontario, près des chutes Niagara, avec son chien Daisy. Elle aime voyager à travers le Canada pour découvrir son histoire, ses habitants et ses paysages. Elle adore cuisiner les nouveaux plats qu'elle découvre. Sa gâterie favorite est la barre Nanaimo.

Autrice : Sheila Yazdani
Conception et illustration : Bobbie Houser
Développement de la série : James Earley
Correctrice : Melissa Boyce
Conseils pédagogiques : Marie Lemke M.Ed.
Traduction : Claire Savard

Photographies :
Alamy: Mike Grandmaison: p. 4; Klod: p. 5; Alan Sirulnikoff: p. 14-15; Colport: p. 19, 22
Newscom: Alex Cave/ZUMAPRESS: p. 13; Paul Chiasson/ZUMA Press: p. 18 right
Shutterstock: Adrien Le Toux: cover; kavram: p. 3; Media Guru: p. 6, 22-23; Salvador Maniquiz: p. 7; Brian Lasenby: p. 8; Yuriy Kulik: p. 9; CherylRamalho: p. 10-11, 23; critterbiz: p. 11; Millenius: p. 12, 22; JonathanKrausePhotography: p. 14; Keith Levit: p. 16; Salvador Maniquiz: p. 17; Art Babych: p. 18 left, 23; Tara Kenny: p. 20; Adrien Le Toux: p. 21

Crabtree Publishing

crabtreebooks.com   800-387-7650
Copyright © 2025 Crabtree Publishing
Tous droits réservés. Aucune partie de cette publication ne doit être reproduite ou transmise sous aucune forme ni par aucun moyen, électronique, mécanique, par photocopie, enregistrement ou autrement, ou archivée dans un système de recherche documentaire, sans l'autorisation écrite de Crabtree Publishing Company. Au Canada : Nous reconnaissons l'appui financier du gouvernement du Canada par l'entremise du Fonds du livre du Canada pour nos activités de publication.

Imprimé aux États-Unis/062024/CG20240201

Publié au Canada
Crabtree Publishing
616 Welland Avenue
St. Catharines, Ontario
L2M 5V6

Publié aux États-Unis
Crabtree Publishing
347 Fifth Avenue
Suite 1402-145
New York, New York, 10016

Library and Archives Canada Cataloguing in Publication
Available at Library and Archives Canada

Library of Congress Cataloging-in-Publication Data
Available at the Library of Congress

Paperback: 978-1-0398-4340-0
Ebook (pdf): 978-1-0398-4353-0
Epub: 978-1-0398-4366-0
Read-Along: 978-1-0398-4379-0
Audio: 978-1-0398-4392-9